Arms and fingers and toes

Brazos, piernas y dedos

Bobbie Kalman

 Crabtree Publishing Company

www.crabtreebooks.com

Created by Bobbie Kalman

Author and Editor-in-Chief
Bobbie Kalman

Educational consultants
Elaine Hurst
Joan King
Reagan Miller

Editors
Reagan Miller
Joan King
Kathy Middleton

Proofreader
Crystal Sikkens

Design
Bobbie Kalman
Katherine Berti

Photo research
Bobbie Kalman

Production coordinator
Katherine Berti

Prepress technician
Katherine Berti

Photographs by Shutterstock

Library and Archives Canada Cataloguing in Publication

Available at Library and Archives Canada

Library of Congress Cataloging-in-Publication Data

Available at Library of Congress

Crabtree Publishing Company

Printed in China/082010/AP20100512

www.crabtreebooks.com   1-800-387-7650

Published in Canada
Crabtree Publishing
616 Welland Ave.
St. Catharines, Ontario
L2M 5V6

Published in the United States
Crabtree Publishing
PMB 59051
350 Fifth Avenue, 59th Floor
New York, New York 10118

Published in the United Kingdom
Crabtree Publishing
Maritime House
Basin Road North, Hove
BN41 1WR

Published in Australia
Crabtree Publishing
386 Mt. Alexander Rd.
Ascot Vale (Melbourne)
VIC 3032

Words to know
Palabras que debo saber

fingers
dedos de
la mano

hand
mano

arm
brazo

knee
rodilla

leg
pierna

toes
dedos
del pie

foot
pie

ankle
tobillo

fist
puño

thumb
pulgar

wrist
muñeca

elbow
codo

feet
pies

The boy is standing on his feet.

El niño está parado sobre sus pies.

toes
dedos del pie

The girl is standing on her toes.

La niña está parada sobre los dedos del pie.

legs
piernas

The girl is walking on her legs.

La niña camina con sus piernas.

ankle
tobillo

The boy is holding the ball
with his ankle.

El niño sostiene la pelota
con el tobillo.

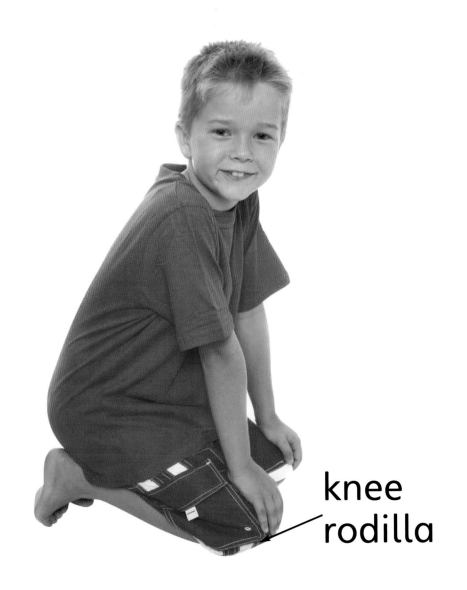

knee
rodilla

The boy is bending his knees.

El niño dobla las rodillas.

wrist
muñeca

The baby is bending her wrists.

La bebé dobla las muñecas.

hands
manos

The children are holding hands.

Los niños están agarrados
de las manos.

fist
puño

The girl is punching with her fist.

La niña está dando un golpe
con el puño.

finger

dedo de
la mano

The boy is pointing his finger up.

El niño señala arriba con
el dedo de la mano.

thumb
pulgar

The girl is pointing her thumbs up.

La niña apunta sus pulgares hacia arriba.

arm
brazo

The girl is holding a baby in her arms.

La niña sostiene a
un bebé en sus brazos.

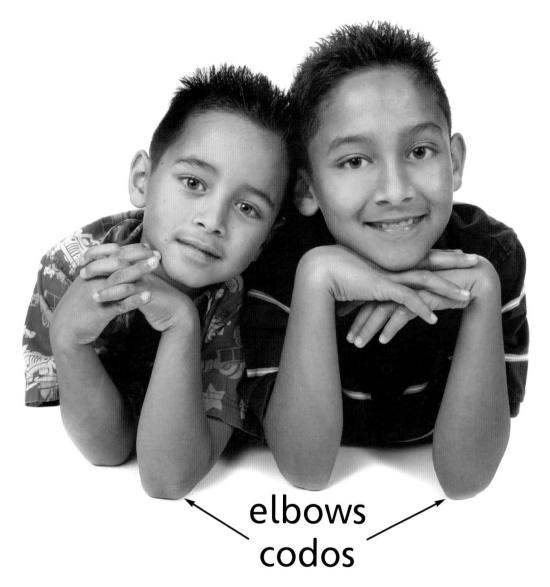

elbows
codos

The boys are leaning on their elbows.

Los niños se apoyan sobre los codos.

Notes for adults

How do they move?

Arms and legs, fingers and toes looks at the parts of a child's limbs that move. It introduces verbs of movement that are related to using each part, such as crawling, walking, standing, sitting, bending, holding, leaning, pointing, and so on.

Rewrite the song!

Ask children to move their arms, fingers, or feet in different ways and have other children guess each action. Then ask them to name two or more actions that a person could do with each body part, such as touching or stroking with fingers, throwing or holding with hands, and walking or kicking with feet. The children can help rewrite the song "Head and shoulders, knees, and toes" using the words from this book. They can then sing the new song while pointing to those body parts. What fun!

Simon Says

Play a game of "Simon Says." This active game helps children identify their body parts and explore different ways each body part can move. It also helps children practice following directions. Simon Suggestions: Simon says...put your hands on your knees, wave your hands in the air, touch elbows with a friend, hop on one foot, point one thumb up and one thumb down, and so on. Children can take turns leading the game.

Notas para los adultos

¿Cómo se mueven?

Brazos, piernas y dedos le da un vistazo a las partes que se mueven de las extremidades de un niño. Presenta verbos de movimiento que están relacionados al uso de cada parte, como gatear, caminar, pararse, sentarse, doblar, agarrar, apoyarse, señalar y otros por el estilo.

¡Vuelve a escribir la canción!

Pida a los niños que muevan sus brazos, sus dedos o sus pies de diversas maneras y pida a otros niños que adivinen cada acción. Luego pídales que nombren dos o más acciones que podría hacer una persona con cada parte de su cuerpo, como tocar o acariciar con los dedos, lanzar o sostener con las manos y caminar o patear con los pies. Los niños pueden ayudar a volver a escribir la canción "Cabeza y hombros, rodillas y dedos" usando las palabras de este libro. Luego pueden cantar la canción nueva mientras señalan aquellas partes del cuerpo. ¡Qué divertido!

Simón dice

Jueguen al juego de "Simón dice". Este dinámico juego ayuda a los niños a identificar las partes del cuerpo y a explorar las diversas maneras en las que se mueve cada parte del cuerpo. También hace que los niños practiquen cómo seguir instrucciones. Sugerencias de Simón: Simón dice…pónganse las manos en las rodillas, muevan sus manos en el aire, tóquense los codos con un amigo, salten en un pie, apunten un pulgar hacia arriba y un pulgar hacia abajo y así sucesivamente. Los niños pueden turnarse para dirigir el juego.